PROJETS DE LOI ORGANIQUE

Du Gouvernement et de l'Administration

DE L'ALGÉRIE,

COMBINÉS ENTRE EUX

Et avec le Projet de loi d'Organisation communale en France (A).

TITRE Iᵉʳ. — DIVISION DU TERRITOIRE.

ARTICLE 1ᵉʳ. L'Algérie est partagée en trois provinces, savoir :

La province d'Alger,

La province d'Oran,

La province de Constantine (1*, 1**, 1***).

ART. 2. *Chaque province forme une même circonscription civile et militaire.*

ART. 3. Chaque province est subdivisée en Arrondissements et Communes (1*, 4**, 1***).

ART. 4. Des décrets détermineront les circonscriptions des Provinces, Arrondissements et Communes, ainsi que leurs chefs-lieux (8**).

(A) Les articles du projet de loi de la Commission parlementaire sont indiqués par *.

Ceux du projet de loi du Comité consultatif près le ministère de la Guerre, par **.

Ceux du projet de loi ministériel, par ***.

Ceux des projets de décret du Comité consultatif, par **.

Ceux du projet de loi d'organisation Communale, par ᶜ.

La combinaison de ces différents articles a quelquefois nécessité quelques variations de peu d'importance dans le texte. Tous les changements autres que ceux de style, comme toutes les parties ajoutées, sont indiqués en lettres italiques.

Les circonscriptions particulières nécessitées dans les territoires de l'intérieur pour l'administration des indigènes, seront déterminées par arrêtés ministériels, rendus sur la proposition du gouverneur (6**).

TITRE II. — DE L'ADMINISTRATION GÉNÉRALE.

ART. 5. Le gouvernement de l'Algérie est centralisé entre les mains du ministre de la Guerre.

Tous les services publics, à l'exception de ceux de l'inspection générale des Finances, de la Trésorie et des Postes, sont placés dans ses attributions (art. 4***).

ART. 6. Il est institué, sous les ordres du ministre de la Guerre, une direction générale de l'Algérie, dont la composition et les attributions seront fixées par un décret (11**).

ART. 7. Il est institué près du ministre de la Guerre un comité consultatif de l'Algérie (10**).

Ce comité est composé :

 Du ministre de la Guerre, Président ;
 Du directeur général de l'Algérie, Vice-Président ;
 De trois représentants ;
 De deux conseillers d'État ;
 De deux officiers généraux, *de la guerre ou de la marine* ;
 D'un membre de la Cour des Comptes ou d'un inspecteur
  général des Finances (A) ;
 D'un inspecteur général ou d'un inspecteur divisionnaire
  des Ponts et Chaussées ;
 D'un inspecteur général de l'Agriculture et du Commerce ;
 D'un membre du Conseil général d'Agriculture ;
 De plusieurs rapporteurs ;
 Et d'un Secrétaire (1 et 3**).

ART. 8. Le Comité consultatif est appelé à donner son avis :
 Sur tous les projets de lois, de décrets et d'arrêtés ministériels concernant les intérêts généraux de l'Algérie ;

(A) Le projet de décret met l'un et l'autre ; cette modification à la composition actuelle du Comité consultatif nous semble inutile, de même que l'adjonction d'un membre de la Cour de Cassation, puisqu'il y a déjà deux conseillers d'État ; il est préférable de maintenir l'inspecteur général de l'Agriculture.

> Sur les concessions de mines, et sur les concessions de terre
> supérieures à cent hectares ;
> Sur les grands projets de travaux d'utilité publique ;
> Sur l'exploitation des salines et forêts ;
> Sur le budget général de l'Algérie, et sur la répartition des
> crédits alloués par le budget de l'État ;
> Et sur toutes les autres questions que le ministre soumet
> à son examen (4**).
>
> Ses membres peuvent être chargés de missions spéciales.

TITRE III. — DES PROVINCES.

§ 1er. DU GOUVERNEMENT.

ART. 9. La haute direction et l'administration de chaque province est confiée à un gouverneur provincial, placé sous l'autorité du ministre de la Guerre (5*, 14 et 27**).

ART. 10. *Le gouverneur provincial est chargé à la fois du gouvernement des européens et des indigènes, mais il ne peut cumuler, lorsqu'il est général, le commandement de la division militaire.*

ART. 11. Le gouverneur provincial assure la promulgation des lois, décrets, règlements et arrêtés.

Il requiert les milices lorsque les circonstances l'exigent.

Il veille au maintien de l'ordre et de la sécurité publique (16**, 7***).

ART. 12. Le gouverneur provincial est consulté par le ministre sur toutes les questions de haute administration qui concernent les intérêts de l'Algérie (17**, 8***).

Il reçoit ses instructions pour tout ce qui concerne la préparation des budgets, la répartition du crédit, les mesures concernant l'Algérie.

Il lui rend compte périodiquement de la situation de la province (31**).

ART. 13. Il pourvoit aux emplois dont la nomination lui est attribuée par un décret.

Il fait toutes les propositions relatives à l'avancement ou à la révocation des fonctionnaires, employés et agents placés sous ses ordres : il a le droit de les suspendre (20 et 32**, 11***).

ART. 14. Dans les circonstances imprévues et urgentes, et en cas de danger grave, le gouverneur peut, sous sa responsabilité, prendre les mesures d'ordre et de sécurité nécessaires : il en réfère immédiatement au ministre de la Guerre.

Le ministre peut rapporter ces mesures et annuler les arrêtés qui y sont relatifs (19 et 33**, 10***).

Art. 15. Il est institué, près le gouverneur, un secrétaire général du gouvernement, dont les attributions sont déterminées par un décret (21**, 12***).

Art. 16. Le gouverneur, en cas d'absence, d'empêchement ou de décès, est remplacé provisoirement, s'il est militaire, par l'officier général du grade le plus élevé de la province, ou le plus ancien dans ce grade; et, s'il est civil, par le secrétaire général du gouvernement (22**).

Art. 17. Il y a près du gouverneur un Conseil provincial composé ainsi qu'il suit :

Le gouverneur, Président ;
Le général commandant la division ;
Le secrétaire général de la province ;
Le procureur général ou le procureur de la République ;
L'intendant militaire ;
Le directeur des affaires arabes ;
Le directeur des services financiers ;
L'ingénieur chef du service des Ponts et Chaussées ;
Le commandant du génie ;
L'inspecteur en chef de colonisation et d'agriculture ;
Deux conseillers rapporteurs ;
Un secrétaire avec voix consultative (5*, 11 et 13**).

Art. 18. Le Conseil provincial est appelé à donner son avis sur les matières ci-après désignées :

Projets de loi de décrets et d'arrêtés communiqués par le ministre au gouverneur ;
Règlements d'administration et de police ;
Établissement, suppression ou modification des impôts, taxes et revenus ;
Bases et mode de perception des impôts arabes ;
Préparation du budget de la province ;
Délimitations des circonscriptions territoriales administratives et judiciaires ;
Ouverture et tracé des routes provinciales ;
Travaux publics, marchés et adjudications au compte du budget de l'État, et dont la dépense s'élève au-dessus de 10,000 fr. ;

Locations d'immeubles au compte du budget provincial , au-dessus d'une dépense de 3,000 fr. et d'une durée de plus de trois ans ;

Concession de terres depuis 25 jusqu'à 100 hectares.

Le Conseil émet en outre son avis sur toutes les questions que le ministre ou le gouverneur jugent à propos de lui déférer (24 et 36**).

Art. 19. *Une section du Conseil provincial, sous le titre de Conseil du contentieux*, est chargée de toutes les affaires, qu'un décret particulier lui attribuera (25**).

Elle sera composée du secrétaire général, président., des deux conseillers rapporteurs et du secrétaire avec voix délibérative.

Art. 20. Il y aura par province un Conseil général, dont la formation, la composition et les attributions seront déterminées par un règlement d'administration publique (18***).

§ 2. DE L'ADMINISTRATION DES INDIGÈNES.

Art. 21. *Le gouverneur est spécialement assisté, pour le gouvernement des Indigènes, du directeur divisionnaire des affaires arabes.* Il a sous ses ordres les officiers des bureaux arabes et les chefs indigènes de tous rangs (40 **).

Art. 22. La composition des bureaux arabes et leurs attributions seront réglées par un décret (41 **).

Art. 23. Les agents indigènes d'un rang supérieur sont nommés *par le ministre de la Guerre*, sur la proposition du gouverneur de la province. Les agents indigènes de rang inférieur sont nommés par le gouverneur provincial, sur la proposition du *sous-gouverneur ou du directeur des affaires arabes.* Un arrêté ministériel détermine le rang des divers agents indigènes (8*, 42**).

Art. 24. L'administration des domaines et la perception des recettes de toute nature sur les territoires *occupés par les Indigènes* sont confiées aux agents des services généraux des finances en Algérie, sous la protection des autorités militaires (9*, 24***).

§ 3. DU COMMANDEMENT DES FORCES DE TERRE ET DE MER.

Art. 25. Le commandant des forces de terre et de mer, en Algérie, est confié à un officier général, qui prend le titre de commandant supérieur des forces militaires de l'Algérie et est chargé de pourvoir à la défense du pays (14*).

Art. 26. Les commandants des divisions et les chefs du service maritime sont placés sous l'autorité du commandant supérieur des forces militaires et reçoivent de lui directement des ordres relatifs au mouvement des troupes stationnées dans chaque province (15*).

Les gouverneurs provinciaux le tiennent au courant de la situation politique des tribus.

Art. 27. En cas de guerre ou d'insurrection, les gouverneurs, sur la proposition du commandant supérieur des forces militaires et après avoir pris l'avis du Conseil provincial, peuvent mettre tout ou partie de leurs territoires en état de siége (16*).

L'arrêté de mise en état de siége doit, dans le délai de deux mois, à moins d'interruption forcée des communications, être soumis à l'approbation du Président de la République. Si le Président de la République ne croit pas devoir lever l'état de siége, il en propose sans délai le maintien à l'Assemblée nationale (18'', 9''').

Art. 28. L'officier général, commandant dans chaque province la division militaire, y exerce toutes les attributions qui sont dévolues aux généraux divisionnaires par la législation en vigueur, tant dans l'intérieur que dans les armées en campagne (15***).

TITRE IV.—DES ARRONDISSEMENTS.

Art. 29. *L'administration de chaque arrondissement est confiée au général commandant la subdivision, ou à un fonctionnaire civil; le premier prend le titre de sous-gouverneur, le dernier celui de préfet (A).*

Art. 30. *Les sous-gouverneurs* sont assistés d'une commission consultative composée de la manière suivante :

 Le sous-gouverneur ou le préfet, Président;

 Le commissaire civil, Vice-Président;

 Le sous-intendant militaire ;

(A) Il y a en ce moment en Algérie 3 préfets et 4 sous-préfets pour administrer 7 petits arrondissements civils. Il est d'autant plus superflu de maintenir concurrémment ces deux espèces de fonctionnaires civils que l'établissement des gouverneurs provinciaux aux chefs-lieux militaires de chaque province, c'est-à-dire à Blidah, à Oran et à Constantine, ne permettra plus de disposer pour ces fonctionnaires civils que des arrondissements d'Alger, de Mostaganem, de Bonne et de Philippeville, les seuls littoraux qu'on puisse leur confier.

Le procureur de la République, ou, s'il n'y a pas de tribunal, le juge de paix ;

Le commandant du génie ;

L'officier chargé des affaires arabes ;

Le chef du service des Ponts et Chaussées ;

Le chef des services financiers ;

Un officier de santé ;

Un inspecteur de colonisation, faisant fonction de secrétaire (11, 17··).*

ART. 31. La Commission consultative est appelée à donner son avis sur les matières ci-après désignées :

Budgets des localités non érigées en communes ;

Projets de dépenses locales de toute nature ;

Concessions de terres inférieures à 25 hectares ;

Assiette des impôts arabes ; mode de perception desdits impôts ;

Contributions ordinaires et extraordinaires de toute nature ;

Mesures concernant la police des cultes, la justice, l'instruction publique en ce qui touche les Indigènes ;

Arrêtés relatifs à la voirie urbaine et vicinale ;

Fixation des Indigènes sur le sol par des établissements permanents.

La Commission consultative donne, en outre, son avis sur toutes les questions que le gouverneur ou *le sous-gouverneur* jugent à propos de lui déférer (45**).

ART. 32. Elle remplit les fonctions de Conseil de préfecture et exerce les attributions administratives et contentieuses qui lui sont assignées par les lois (46**).

Les fonctions de Conseil de préfecture sont remplies par le sous-gouverneur, le commissaire civil, le juge de paix ou le juge délégné par le procureur de la République et le secrétaire.

ART. 33. Deux notables Européens, désignés par le gouverneur de la province, sont convoqués toutes les fois que la Commission est consultée sur des questions qui touchent à la colonisation, aux travaux publics ou à des intérêts civils de la population européenne ; ils siégent avec voix délibérative.

Deux notables Indigènes, désignés *par le sous-gouverneur*, sont convoqués toutes les fois que la Commission délibère sur des questions concernant l'intérêt administratif de la population indigène ; ils siégent avec voix consultative (47**).

Art. 34. *Le sous-gouverneur, indépendamment de toutes les attributions dévolues en Algérie aux commandants de subdivisions, exerce les fonctions de Préfet.*

Art. 35. Il est placé sous l'autorité du gouverneur provincial (48**); *il ne peut correspondre avec le ministre que par son intermédiaire.*

Il adresse périodiquement au gouverneur provincial des rapports d'ensemble sur la situation; et éventuellement, lui rend compte de tous les faits intéressant l'ordre et la sûreté publique (18***).

Il prend ses instructions;

Il lui adresse ses propositions et est nécessairement consulté sur toutes les mesures concernant :

> L'établissement, la suppression ou la modification des impôts, taxes et revenus locaux ;

> La préparation du budget de la province en ce qui concerne *l'arrondissement* et la répétition des crédits entre les différentes localités ;

> L'ouverture et le tracé des routes ;

> La création des centres nouveaux de population ;

> Les circonscriptions territoriales ;

> L'administration des Indigènes (52**).

Art. 36. Un décret détermine les matières sur lesquelles il peut statuer seul ou en Conseil de préfecture; celles pour lesquelles il doit en référer au gouverneur de la province (51**).

Art. 37. Les commissaires civils, indépendamment des attributions qui leur sont dévolues par la législation de l'Algérie (20**), *sont investis de toutes les attributions des secrétaires généraux de préfecture ; ils centralisent ainsi l'administration des Européens.*

Art. 38. L'administration des Indigènes s'exerce par l'intermédiaire des officiers chargés des affaires arabes (21***).

Art. 39. *Lorsque l'arrondissement est administré par un préfet, le général ou l'officier supérieur commandant la subdivision n'en fait pas moins partie de la Commission consultative.* Il prête l'appui de son autorité à l'administration civile, toutes les fois que cela est nécessaire, et, à cet effet, il est rendu compte de toutes les circonstances de nature à intéresser la sécurité et l'ordre public (17***).

Art. 40. *Le gouverneur* administre directement l'arrondissement du chef-lieu où il réside (53**).

TITRE V. — DES COMMUNES.

Art. 41. *Les lois françaises relatives aux communes sont applicables en Algérie, sauf les modifications résultant de la présente loi.*

Art. 42. *Les communes de l'Algérie peuvent, par arrêtés du gouverneur en Conseil provincial, être divisées en autant de sections qu'elles comprennent de centres de population détachés.*

Art. 43. Il est tenu dans chaque commune, en Algérie comme en France, un registre matricule de tous les habitants (8ᶜ.)

Art. 44. Sont inscrits sur ce registre, indépendamment de tous autres y ayant droit en France :

Les Français majeurs qui, *n'étant pas nés ou n'ayant pas satisfait à la loi de recrutement dans la commune,* y ont résidé pendant un an, et justifient, soit de la jouissance d'une propriété immobilière, soit de l'exercice d'un commerce ou d'une industrie, soit d'un contrat de fermage ou d'un engagement de travail en cours d'exécution, ayant au moins un an à courir à l'époque de la formation des listes.

Les étrangers ou *musulmans*, âgés de 25 ans, résidant depuis deux ans dans la commune, et remplissant les conditions fixées par le paragraphe précédent (67**, 9ᶜ).

Art. 45. La liste des électeurs communaux comprend tous les Français majeurs et tous les étrangers ayant les qualités requises pour être inscrits sur le registre matricule de la commune (20ᶜ).

Tout électeur est éligible, sous la réserve des dispositions de l'art. 52 (67**).

Art. 46. Il y a dans chaque commune un maire et un ou plusieurs adjoints.

Dans chaque section séparée du chef-lieu de la commune, un adjoint spécial, pris parmi les habitants de la section, est nommé en sus du nombre ordinaire, et remplit les fonctions d'officier de l'État civil dans cette partie détachée de la commune (110ᶜ).

Art. 47. Les maires et adjoints doivent être Français. Toutefois, dans les tribus ou fractions de tribu enclavées en territoire communal, un adjoint spécial indigène peut être nommé par le préfet, en sus du nombre ordinaire, et *au besoin* en dehors des membres du Conseil municipal (64**).

Art. 48. Les maires et adjoints français sont nommés par décrets dans les communes de plus de trois mille âmes et dans les chefs-lieux d'arrondissements, par arrêté préfectoral dans tous les autres cas (65**).

Ils doivent être choisis dans la liste des électeurs de la commune. Toutefois, dans les communes rurales divisées en sections, les fonctions de maire peuvent être remplies par un inspecteur de colonisation.

Art. 49. Les maires et adjoints peuvent être suspendus par le préfet, pendant une durée qui n'excédera pas six mois ; ils ne peuvent être révoqués que par décrets, *s'ils ont été nommés par décret,* et par arrêtés ministériels dans tous les autres cas (65**).

Art. 50. Les maires peuvent recevoir une indemnité annuelle, dont le montant est réglé par le ministre de la Guerre, le Conseil municipal préalablement consulté (66**).

Art. 51. *Les conseillers municipaux pourront provisoirement être nommés par le préfet.*

Des décrets détermineront successivement les communes où les conseillers municipaux seront élus par l'assemblée des électeurs communaux. Des décrets particuliers pourront retirer ce droit aux électeurs d'une commune (6, 67**, 18***).*

Art. 52. Dans aucun cas, le nombre des conseillers étrangers et musulmans ne peut excéder le tiers du nombre total des membres qui composent le Conseil municipal.

Un arrêté pris par le préfet, en Conseil de préfecture, détermine, pour chaque commune, la part de représentation attribuée dans le Conseil municipal, soit aux étrangers, soit aux Musulmans, soit à chaque section de commune (70 et 68**).

Dans aucun cas, les conseillers municipaux musulmans ne sont élus par l'assemblée des électeurs communaux. Leurs places sont réservées lors des élections, ainsi que celles de maires et adjoints.

Art. 53. *Dans chaque section de commune, il est formé une commission syndicale, sous la présidence de l'adjoint.*

Le nombre et la qualité des membres de cette commission sont déterminés par arrêté préfectoral, mais ils sont choisis par élection (109°).

Les Musulmans inscrits au registre matricule, habitant la section, peuvent y prendre part comme les Français et les étrangers.

En cas d'inobservation des dispositions prises par le préfet dans l'arrêté, et après une nouvelle convocation des électeurs restée sans résultat, le préfet nommera en Conseil de préfecture, les membres de la *commission syndicale* (71**).

Art. 54. *Les commissions syndicales sont chargées de la répartition des eaux entre tous les ayant-droit de la section.*

Elles sont également chargées de la répartition entre les habitants de la section des livraisons de bestiaux, d'arbres, de plans, de semences, d'outils ou de matériaux qui leur sont faites par l'administration.

Elles sont invitées à former des listes de candidats pour les primes d'encouragement à accorder aux plus méritants, et les secours à donner aux plus malheureux.

Elles donnent leur avis sur la partie du budget afférente à leur section, et en général sur toutes les matières qui sont soumises à leur délibération par le maire ou le préfet.

Art. 55. *Lorsque, pour la répartition des eaux ou tout autre objet spécial, il y a lieu de former une commission syndicale dans plusieurs sections, cette commission est nommée, dans la forme des autres, entre tous les ayant-droit.*

Du reste, on applique les dispositions de la législation française, relatives aux commissions syndicales formées pour des intérêts qui concernent plusieurs communes. (169 et suivants.)

Art. 56. *Les inspecteurs de colonisation* sont chargés, sous l'autorité des *préfets dans les sections rurales :*

De l'exécution des mesures de sûreté générale ;

De la publication des lois et réglements ;

Des fonctions spéciales qui leur sont déférées par les lois et règlements.

Ils sont officiers de police auxiliaires du procureur de la République (61**).

Art. 57. *Dans chaque section rurale, il y a un ou plusieurs gardes champêtres nommés par le préfet sur la proposition de l'inspecteur de colonisation.*

Ces gardes champêtres font leurs rapports à l'inspecteur de colonisation et à l'adjoint.

TITRE VI. — DES PERSONNES.

§ 1. DISPOSITIONS GÉNÉRALES.

Art. 58. *Les lois françaises sont applicables aux habitants de toute l'Algérie, sauf l'exception faite dans la législation civile à l'égard des Indigènes musulmans et les autres exceptions nécessitées par les circonstances.*

ART. 59. Les lois, décrets et arrêtés sont promulgués et rendus exécutoires par leur insertion dans le Bulletin officiel des actes du gouvernement.

La promulgation est réputée connue au chef-lieu de chaque province, un jour après la réception, par le gouverneur provincial du Bulletin qui lui est transmis; et, dans l'étendue de chaque circonscription, passé ce même délai, après autant de jours qu'il y aura de cinq myriamètres de distance entre le chef-lieu de la province et celui de la circonscription.

La réception du Bulletin est inscrite et constatée par des registres ouverts, à cet effet, au chef-lieu de la province de chaque circonscription territoriale.

Dans les circonstances extraordinaires, la promulgation des lois et actes du gouverneur peut être faite à son de caisse et par affiches; ils deviennent, dans ce cas, immédiatement exécutoires (13").

ART. 60. *Dans le délai d'un an à partir de la promulgation de la présente loi, le Comité consultatif près le ministre de la Guerre examinera les ordonnances, décrets et arrêtés qu'il n'y aura pas lieu de maintenir, et préparera les nouveaux décrets et arrêtés nécessaires. Dès que le gouvernement et le ministre auront statué à cet égard, tous les autres décrets, ordonnances et arrêtés seront abrogés.*

§ 2. DES FRANÇAIS.

ART. 61. *Les Français sont administrés, suivant les lois françaises, par les autorités civiles de chaque province (3").*

ART. 62. *Dans les portions du territoire Algérien où il n'y a pas lieu d'établir encore des fonctionnaires civils, les Français sont administrés selon les lois françaises par les fonctionnaires militaires spécialement chargés de remplir les fonctions civiles (3").*

ART. 63. *Les Français exercent leurs droits électoraux en Algérie de la même manière qu'en France, soit pour l'élection du Président de la République, soit pour l'élection de leurs représentants à l'Assemblée nationale.*

Les représentants de l'Algérie seront élus par province.

§ 3. DES INDIGENTS.

Art. 64. *Les Indigènes juifs, nés en Algérie, qui, depuis l'occupation française, y ont conservé leur domicile, sont assimilés aux individus nés en France de parents étrangers, et jouissent de la qualité de Français, sans être obligés de la réclamer, comme il est dit à l'art. 9 du Code civil.*

Art. 65. *Les Indigènes musulmans sont administrés suivant leurs lois, par des chefs indigènes sous l'autorité militaire.*

Toutefois, ceux qui habitent sur le territoire d'une commune sont administrés suivant leurs lois par l'autorité civile. (10 et 12··).

Art. 66. *Les indigènes musulmans sont libres de profiter ou non du bénéfice de la loi musulmane.*

Ils peuvent se faire ranger, comme les Indigènes juifs, sous l'empire de la législation française et acquérir la qualité de Français.

Art. 67. *L'Indigène musulman qui veut devenir Français, doit faire la déclaration qu'il se soumet pour toujours à la loi française.*

Cette déclaration peut se faire en tous temps et dès l'époque fixée pour la majorité d'après la loi musulmane.

Art. 68. *Elle confère la qualité de Français à tous les enfants mineurs de l'Indigène devenu Français et à la femme avec laquelle il contracte un mariage civil.*

Art. 69. *La femme indigène, mariée à un Français, confère la qualité de Français à ceux de ses enfants mineurs qui, d'après la loi musulmane, devaient rester à sa charge.*

Art. 70. *Tous les enfants d'un Indigène devenu Français, nés avant qu'il ait acquis cette qualité, restent légitimes, à quelque femme qu'ils appartiennent.*

Art. 71. *L'Indigène musulman, en acquérant la qualité de Français, ne perd pas ses propriétés, ni ses droits. Il succède à ses parents musulmans pour la part qui lui serait revenue d'après la loi musulmane, s'il était resté sous l'empire de cette loi.*

Art. 72. *Lorsque des mineurs indigènes français auront perdu leurs père et mère et qu'il y aura lieu de leur donner un tuteur, le juge de paix de leur domicile convoquera un conseil de famille qui devra être composé de Français.*

Art. 73. *Tout Français qui recueille un enfant indigène abandonné doit en faire la déclaration à la mairie du lieu où il a trouvé l'enfant. Pendant le délai d'un an, les parents peuvent le réclamer, en payant les dépenses qu'il a occasionnées. Passé ce délai, l'enfant est réputé Français, et, s'il y a lieu, il lui est nommé un tuteur.*

§ 4. DES ÉTRANGERS.

ART. 74. *Les étrangers qui habitent l'Algérie sont réputés autorisés à établir leur domicile en France, et jouissent dans la colonie de tous les droits civils, tant qu'ils conservent leur résidence.*

Le gouverneur peut leur interdire cette résidence, ou les priver des droits civils.

ART. 75. *Après cinq ans de résidence, l'étranger qui justifiera de la jouissance d'une propriété immobilière, pourra être naturalisé Français.*

§ 5. DES FONCTIONNAIRES.

ART. 76. Les fonctionnaires et agents employés en Algérie, et choisis parmi les fonctionnaires et agents des mêmes services de la métropole, sont considérés comme détachés pour un service public, et continueront à compter dans les cadres de l'administration à laquelle ils se rattachent.

Un règlement d'administration publique, rendu dans le délai de six mois, à partir de la promulgation de la présente loi, déterminera :

1° La nomenclature des services publics dont les fonctionnaires et agents pris dans le personnel des services continentaux; les conditions du choix de ces fonctionnaires et agents, et du minimum de temps pendant lequel ils seront tenus de résider en Algérie pour avoir droit, soit à l'avancement, soit à être replacés dans les services de la métropole.

2° Les conditions d'admission, d'avancement et de retraite des fonctionnaires et agents pris en dehors des administrations continentalas (28***).

TITRE VII. — DU RÉGIME FINANCIER.

ART. 77. Les impôts, taxes et produits de toute nature appartenant à l'État, ne peuvent être établis, modifiés ou supprimés qu'en vertu d'une loi.

Continueront, néanmoins, à être perçus conformément à la législation actuelle, les impôts, taxes et produits existants, jusqu'à ce qu'il en soit autrement ordonné (72**).

ART. 78. Sont exceptés des dispositions de l'article précédent les impôts arabes de toute nature *dont les quatre cinquièmes sont affectés aux provinces* (73**).

Art. 79. *Les terres vendues par les Indigènes aux particuliers ne sont pas exemptes de l'impôt arabe, quel que soit le détenteur. Mais les propriétaires français, indigènes ou étrangers, auront droit à des primes d'encouragement toutes les fois qu'ils auront fait cultiver leurs terres par des Français ou des étrangers, ou par des Indigènes selon les méthodes françaises. Ces primes d'encouragement, calculées d'après le nombre d'hectares cultivés, seront équivalentes au montant de l'impôt; elles seront accordées par les Conseils provinciaux, sur la proposition des inspecteurs de colonisation.*

L'impôt arabe foncier, fixé à 2 fr. par hectare, peut être réduit ou augmenté, selon les circonstances, par les Conseils provinciaux, d'après les états et rapports fournis par les inspecteurs de colonisation (A).

Il n'est rien changé, du reste, au système d'impôt payé par les tribus.

Les tribus ou fractions de tribus peuvent être dégrevées de tout ou partie de l'impôt, *par arrêtés des gouverneurs en Conseils provinciaux*, en cas de circonstances extraordinaires régulièrement constatées (77**).

Art. 80. Pendant dix ans, les taxes provinciales ou communales, les centimes additionnels aux impôts établis, les contributions pour dépenses extraordinaires, ainsi que les emprunts à contracter par les provinces et communes, pourront être autorisés par des décrets pour une durée inférieure à dix ans (79, 84**).

Des arrêtés des gouverneurs, sur l'avis *des Conseils provinciaux*, peuvent autoriser, pour une durée égale, les tribus à s'im-

---

(A) Une des choses qui ont le plus empêché le développement de la colonie et arrêté l'agriculture, surtout dans la province d'Alger, est que, peu de temps après la conquête, les indigènes ne croyant pas que nous resterions, ont vendu à vil prix à des spéculateurs des milliers d'hectares dont ces derniers n'ont été mis en possession que pour les laisser incultes. Il n'est pas juste que ces propriétaires jouissent d'une immunité d'impôt qui n'a été accordée aux Européens que pour les encourager à mieux cultiver que les Arabes. L'art. 79 a pour but de réprimer cet abus. Les propriétaires d'immenses étendues seront ainsi forcés de vendre à des particuliers ou d'abandonner au domaine, faute de payer l'impôt, les terres qu'ils ne peuvent cultiver, et qu'ils ne gardaient que pour spéculer un jour sur la plus-value résultant des travaux publics ou particuliers faits autour d'eux.

poser des contributions extraordinaires pour les dépenses locales à faire sur leur territoire. (80**).

ART. 81. Les quatre cinquièmes du produit net de l'octroi de mer perçu dans chaque province sont répartis annuellement entre les communes de la province et les localités non érigées en communes au prorata de la population de chaque commune ou localité.

Le dernier cinquième forme un fonds commun à répartir au prorata des besoins, entre les localités non érigées en communes de chaque province.

Cette répartition est faite par le gouverneur, sur l'avis du Conseil provincial (96 **).

ART. 82. Les recettes et dépenses de l'Algérie autres que celles affectées aux intérêts provinciaux et communaux sont rattachées au budget général de l'État (26***).

ART. 83. Les recettes et dépenses provinciales et communales forment des budgets spéciaux qui sont arrêtés et réglés, chaque année, comme il suit :

    1° Le budget provincial, sur la proposition des gouverneurs et Conseils généraux, par le *ministre de la guerre*;

    2° Le budget communal, sur la proposition des maires et Conseils municipaux, par le Préfet, dans les communes dont le revenu est inférieur à 50,000 fr.; par le Gouverneur, dans les communes dont le revenu est supérieur à 50,000 fr. et moins de 100,000, et par le *Ministre* dans les autres communes (27***).

ART. 84. Les localités habitées par les Européens, non érigées en communes, ont des budgets locaux qui sont arrêtés par les gouverneurs, sur la proposition des *sous-gouverneurs* et des Commissions consultatives (94 et 98**).

ART. 85. Tous les ans, un tableau comparatif des recettes et dépenses générales, provinciales, communales ou *locales* de l'Algérie est annexé au budget du ministre de la Guerre et au compte général de l'administration des Finances (101**).

ART. 86. Un décret, rendu sur la proposition des ministres de la Guerre et des Finances, déterminera *la nature des recettes et des dépenses afférentes aux budgets de l'Etat, des provinces et des communes* (87, 88, 89, 90, 95 et 97**), et les formes de comptabilité relatives à l'administration des finances en Algérie (102**).